BEI GRIN MACHT SICH IHR WISSEN BEZAHLT

- Wir veröffentlichen Ihre Hausarbeit,
  Bachelor- und Masterarbeit

- Ihr eigenes eBook und Buch -
  weltweit in allen wichtigen Shops

- Verdienen Sie an jedem Verkauf

Jetzt bei www.GRIN.com hochladen und kostenlos publizieren

Bibliografische Information der Deutschen Nationalbibliothek:

Die Deutsche Bibliothek verzeichnet diese Publikation in der Deutschen National-
bibliografie; detaillierte bibliografische Daten sind im Internet über http://dnb.d-
nb.de/ abrufbar.

Impressum:

Copyright © 2019 GRIN Verlag
Druck und Bindung: Books on Demand GmbH, Norderstedt Germany
ISBN: 9783346009494

Dieses Buch bei GRIN:

https://www.grin.com/document/496681

Mathias Andrawis

Das Verhältnis zwischen Mensch und Medien

GRIN Verlag

GRIN - Your knowledge has value

Der GRIN Verlag publiziert seit 1998 wissenschaftliche Arbeiten von Studenten, Hochschullehrern und anderen Akademikern als eBook und gedrucktes Buch. Die Verlagswebsite www.grin.com ist die ideale Plattform zur Veröffentlichung von Hausarbeiten, Abschlussarbeiten, wissenschaftlichen Aufsätzen, Dissertationen und Fachbüchern.

Besuchen Sie uns im Internet:

http://www.grin.com/

http://www.facebook.com/grincom

http://www.twitter.com/grin_com

Medien machen Menschen

Inwiefern kann die technisch gesellschaftliche Entwicklung, die Selbstermächtigung der Menschen einschränken? Im Hinblick auf das Denken von Günther Anders und anderen Medientheoretikern

Proseminararbeit
SE Einführung in die Medienphilosophie
Institut für Philosophie
Universität Wien

Vorgelegt von

Mathias Andrawis

Inhaltsverzeichnis:

1.Einleitung: 3

2. Kritik der Medien: 4

3. Die Verderblichkeit des Leibes 5

   3.1 Die Überwindung des Schams 7

   3.2 Frei sind die Dinge unfrei ist der Mensch: 8

4. Der Mensch als unersetzbarer Defekt 9

5.Selbstzerstörung und Identitätskriese: 11

6.Probleme der Identitätsfindung: 12

7.Schluss: 13

8. Literaturverzeichnis: 15

1.Einleitung:

In dieser Abhandlung sollen medienanthropologische Systeme repräsentiert werden, die sich mit der Frage nach dem Verhältnis zwischen Medien und Mensch beschäftigen. Dabei soll der Hauptfokus auf Günter Anders gelegt werden, der sich im Kapitel „Über prometheische Scham" im Werk „Die Antiquiertheit des Menschen" kritisch zur Technokratie äußert. Es ist längst kein Geheimnis mehr, dass der Mensch aufgrund der natürlichen Schwächen, nicht mit der Leistungsfähigkeit der erzeugten Geräte mithalten kann. Ein Taschenrechner rechnet schneller, die Sinneszone wird durch den Blindenstock erweitert und Fabrikmaschinen arbeiten konsequenter. Aufgrund der Begrenztheit der sturen Leiblichkeit, im Gegensatz zu den modifizierbaren, reproduzierbaren und durchkalkulierten Geräten, muss der Mensch in seinem Gefühl der Unfähigkeit und Sterblichkeit verharren. Der Mensch flieht somit in die Ikonomanie, um sich über die Abgründe der Realität hinwegzutrösten (Vgl. Anders 1961, 56). Ausgelöst wird die prometheische Scham so Anders, durch den unmittelbaren Umgang mit den selbstgemachten perfekten Dingen (Vgl. Ebd.).

An dieser Stelle soll im ersten Kapitel der Schwachpunkt des Menschen, in Relation zu Platons Phaidros-Dialog hergestellt werden, dessen Kritik sich an der Schrift, als Gedächtnisprothese richtet. Als nächstes werden physische Einschränkungen des Menschen und weitere Prothesenfunktionen hervorgehoben, damit gezeigt werden kann, dass wir Menschen als Medien-Schöpfer, dem Erschaffenen in Leistung untergeordnet sind. Im zweiten Kapitel dieser Abhandlung soll die Affizierung des menschlichen Körpers durch mediale Artefakte diskutiert werden. Am Rande wird ein Vergleich zwischen den Begriff der Kulturindustrie von Max Horkheimer und Theodor W. Adorno zu Günter Anders genannten Auswechselbarkeit der Menschen hergestellt. Es soll untersucht werden, ob nicht nur das Produkt einer Kulturindustrie, sondern auch der Mensch einer Nutzen-Relation unterlegen ist, wenn er im Blickfeld der Wirtschaft und Kriegsführung wie ein Massenprodukt ersetzt werden kann (Vgl. Ebd. 54,55). Schlussendlich sollte die Hypothese gerechtfertigt werden, dass durch eine Technokratie, die Selbstermächtigung der Menschen abgeschafft wird. Es steht fest, dass es sich beim Begriff »Medium« um eine verschiedenartige und äußert missverständliche Bezeichnung handelt (Vgl. Mock 2014, 183). Aufgrund der Tatsache, dass die unüberschaubaren Variationen von Medien und der Ausweg aus dem Labyrinth der Medientheorien, nur zur Quelle der Aporien führen würde, soll auf die Klärung des Medienbegriffes verzichtet werden, um einen Tunnelblick zu vermeiden und ein ganzheitliches Denken zu ermöglichen.

2. Kritik der Medien:

Die moderne Medienkritik hat zahlreiche Vorläufer. Zu den ersten bekannten Medien kritischer Schriften zählt Platons Phaidros-Dialog, in dem Platon eine skeptische Haltung gegenüber den Schriften vertrat, da diese seiner Ansicht nach für Vergessenheit sorgt (Vgl. Platon 1994, 275a). Es ist das Vertrauen an die festgelegten Chiffren und Zeichen, in dem das innere Wissen der Menschen zu Grunde geht. Diese These bewahrt ihren Gültigkeitsanspruch nicht nur in der Antike, sondern ist in der Tat noch zeitgemäß. Dies lässt sich anhand der Erfahrung jedes Rezipienten beweisen, indem der Leser in Situationen gerät, sich einzubilden etwas begriffen zu haben und im Nachhinein erst erkennt, dass der Text nicht richtig verstanden wurde, wenn auch nur unbewusst. Dieses Problem, dass der Text nur zur Erinnerung beiträgt, nicht aber das Gedächtnis erweitert, hatte Platon schon erwähnt. Der Lernende erreiche durch die Schrift allein, nicht die Weisheit selbst, sondern nur eine Illusion davon (Vgl. Platon 1994, 604). Die Schrift als Gedächtnisprothese suggeriert somit nur den Ersatz eines Mangels und die Erweiterung des Wissens. An dieser Stelle muss hervorgehoben werden, dass Platon die Schrift nicht komplett ablehnte, sondern von ihrer Idealisierung abriet (Vgl. Mersch 2006, S.30). Auch der Mensch des 21. Jahrhunderts verfällt noch immer in den Genuss, sich nicht mehr mit Wissen beschäftigen zu müssen. Viel mehr wird mit wenigen Arbeitsschritten auf Plattformen wie Wikipedia, das Gelesene als selbstverständlich wahr angenommen und dann unmittelbar vom Gedächtnisspeicher wieder verworfen. Im Hinblick auf die medienanthropologischen Systeme, die sich mit dem Verhältnis zwischen Menschen und Medien beschäftigen, ist die Frage nach den Konsequenzen der Techniken, keineswegs uninteressant, wenn es darum geht Informationen über das Verhalten und Denken des Menschen goutieren zu können. Jedoch impliziert eine technische Errungenschaft, wie die Gedächtnisprothese nicht selten auch negative Konsequenzen, die nicht unhinterfragt im Schatten stehen gelassen werden darf.

Das Denken von Günter Anders (1902-1992), war untrennbar mit den Schrecken des Nationalsozialismus (Ausschwitz) verbunden, besonders geprägt von den Nachrichten des Abwurfs der Atombombe auf Hiroshima (Vgl. Mersch 2006, 87). Aufgrund dieser epochalen Ereignisse ist es kein Wunder, dass Anders zum Kritiker des industriellen Jahrhunderts wird. Natürlich ist der Mensch durch die heutige Digitalisierung anderen diversen Problematiken ausgesetzt. Für Anders manifestiert sich dieses Problem als *Prometheische Scham*, er: „ [..] verstehe darunter die Scham, vor der beschämend hohen Qualität der selbstgemachten Dinge" (Anders 1961, 23) in welcher sich der Mensch in Anbetracht dieser Tatsache, die Unfähigkeit eingestehen muss. Der Autor bezieht sich auf die technisch kritischen Interventionen der Antiquiertheit des Menschen und zieht durch seine essayhaften Streitschrift den Boden der technologischen Kultur, die ganz im Gegenteil kulturfördernd ist, sondern tendenziell antihumanistisch fungiert.

Dies beschreibt Günther Anders (Vgl. Ebd. 51) in seinem Hauptwerk „Die Antiquiertheit des Menschen". Die Kritik richtet sich gegen den Gegensatz zwischen der Unvollkommenheit des Menschen und der immer größer werdenden Perfektion der Maschinen (Liessmann 2003, 182). Diesen Widerstand benennt Anders als *prometheisches Gefälle* und meint damit die Schamröte, die dem Menschen angesichts der eigenen Unzugänglichkeit gegenüber seinen technischen Geschöpfen ins Gesicht steigt (Vgl. Ebd.). Er betont, dass aufgrund der raschen Produktion von technischen Innovationen, der Mensch nicht mehr Schritt halten kann und somit psychologisch überfordert wird (Anders 1961, 18). Im Vergleich zu gegenwärtigen Entwicklungen von diversen sozialen Netzwerken, in dessen jede Person anonym und ohne Konsequenzen seine Meinung auf Menschen richten kann, ist die oft einhergehende Strapazierung des Empfängers keine Seltenheit. Um der Konfrontation von Hasspostings in sozialen Medien zu entgehen, hat der Mensch bis heute keine Strategie entwickelt, wie er sich emotional von subversiven, bloßstellenden Kommentaren distanzieren kann, sodass Beleidigungen in ihrer Sinnlosigkeit aufgelöst werden. Anders vermutet, dass im Gegensatz zu den Metamorphose-Stand der von uns Menschen gemachten Dinge, die Überforderung aufgrund der mangelnden Elastizität der menschlichen Seele besteht (Vgl. Ebd.). Der Autor deutet somit auf die begrenzte physische Beschaffenheit des Menschen hin.

3. Die Verderblichkeit des Leibes:

Der Grundgegenstand des prometheischen Schams, ist der Grundmakel des sich schämenden Individuums in seinem „*natum esse*" (Vgl. Ebd. 24). Im Gegensatz zu den hergestellten modifizierbaren, reproduzierbaren und durchkalkulierten Geräten, ist das Dasein der Menschheit durch einen altbewährten und unperfekten Prozess der Zeugung geboren worden (Vgl. Ebd.). An dieser Stelle wird der Akzent der Medienanthropologie, welche grundsätzlich die Verbindung von Medien und Körper fokussiert, (Vgl. Burkhardt u. Sandbothe 2014, 383) aus der Ander´schen-Sichtweise deutlich. Während der Mensch bei Immanuel Kant frei ist, sich seines eigenen Verstandes zu bedienen und dadurch der Ausgang aus seiner selbstverschuldeten

Unmündigkeit gegeben ist, (Vgl. Kant 1994, 20) wird bei Günther Anders durch die identifizierte, aussichtslose Minderwertigkeit und fehlende Autonomie des Subjekts, die kantische Frage „Was ist der Mensch?" zu einem Negativum um konnotiert „Wer bin ich schon?" (Vgl. Anders 1961, 24). Bei Anders wird es deutlich, dass das Individuum im unmittelbaren Umgang mit den Eigenproduktionen, danach strebt ein gemachtes Produkt zu werden, nachdem er im Antlitz seiner technischen Vollkommenheit, seine eigene Unvollkommenheit eingesteht (Vgl. Ebd. 25).

Die Tendenz vom Macher zum Gemachten werden zu wollen, besteht darin, dass der Mensch den Dingen einen höheren *Seinsrang* zuspricht (Vgl. Ebd.). Durch die Vorteile der Gerätschaften, kaschiert sich der Mensch vor der Unterpositionierung, indem er sich Medien als Prothesen anlegt, um einen Ausgleich zu schaffen. Auch Sigmund Freud hat darauf hingewiesen, dass der Mensch ein prothetisches Wesen ist, dass seine Körperteile durch technische Medien adaptieren und modifizieren kann (Vgl. Burkhardt u. Sandbothe 2014, 387). Jedoch sind diese medialen Prothesen, als Transformationsmöglichkeit des Körpers, nur ein Schutzschild, die den Menschen davor bewahrt, sich selbst als Mangelwesen zu erkennen (Vgl. ebd. 387). Die Gefahr menschliche Sinne durch Medien erweitern zu wollen, hat jedoch noch weitere Konsequenzen. Besonders zu hinterfragen werden Medien als Extensionen des Körpers, wenn wir Marshall McLuhans These heranziehen, die besagt, dass durch die Fokussierung auf einen speziellen Sinn durch die Inbetriebnahme differente Apparate, andere Sinne vernachlässigt werden (Vgl. ebd.387). An dieser Stelle muss hervorgehoben werden, dass McLuhan die Medien, als Ausweitungsmöglichkeit des menschlichen Vermögens betrachtet, (Vgl. Mersch 2006, 109) während Freud die Prothesenhaftigkeit der Technik, als Ausdruck der Jämmerlichkeit versteht und sich der Mensch als „Prothesengott" nur selbstverherrlicht. Für Freud ist es zwar für den Menschen: „recht großartig, wenn er alle seine Hilfsorgane anlegt, aber sie sind nicht mit ihm verwachsen und machen ihm gelegentlich noch viel zu schaffen." (Freud 1930, 451) Die Ausweitung der körperlichen und medialen Begrenzungen durch Werkzeuge ist zwar im Stande den Menschen über seinen eigenen Mängeln hinweg zu trösten, jedoch führen sie nicht zu einer vollkommenen Perfektion. Sie sind eine Aufwertung und Abwertung zugleich. Lediglich die Kompensation für mangelhafte organische Funktionen.

Doch nicht nur das Verschleiern des Mangels und die Vernachlässigung der Sinne des Menschen ist die Folge, sondern es kommt, so Theodor W. Adorno und Max Horkheimer (Vgl. 1981, 154) sogar zu einer Rückbildung der Vorstellungskraft, indem durch Anspannung und fortwährender Repräsentation von Bildern in den Produktionen realistischeren Filmen, die Phantasie und Gedanken der Zuschauer keinen Platz mehr haben. Medien fungieren somit nicht nur als Ermöglichungsbedingungen, mit denen wir unsere Sinneszonen erweitern können, sondern sie können diese auch gleichzeitig einschränken und fungieren auch als Spiegel unseres selbst. Bei Anders werden Medien als Prothesen, die als Hilfsmittel auftreten, nicht verherrlicht im Gegenteil, dessen Anschaffung ist nur Beweis für die menschliche Insuffizienz, der Unfähigkeit und menschlichen Schwäche (Vgl. Anders 1961, 27). Das Erkennen dieses Makels ist die Geburt der ausgelösten Scham.

3.1 Die Überwindung des Schams:

Da der Begriff Scham mehrere Bedeutungen ausdrückt, ist es wichtig, diesen Begriff terminologisch zu klären. Die bekannteste Art des Schams, ist der Geschlechtsscham, die in Konfrontation zwischen Individuum und Individuum, oft innerhalb von Kommunikationsbarrikaden auftreten. Im Vergleich zu der prometheischen Scham, geht es um ein Schamgefühl, welches durch den Kontakt zwischen Menschen und Gerät zum Vorschein kommt. Nur weil der Beobachter in der ersten Variante wegfällt, heißt es noch nicht, dass der Scham erlischt, im Gegenteil, es entsteht so Günther Anders, eine Akkumulierung des Schams, erzeugt durch die Scham (Vgl. Ebd. 29). Das Auftreten dieses Gefühls, wird jedoch nicht immer unter den Boden gekehrt. Sondern, die sich schämende Person verhüllt seinen affektbedingten Makel dadurch, dass sie so tut, als ob es keinen Grund gäbe sich zu schämen (Vgl. Ebd.). Das Kaschieren und Verhüllen ist beim Menschen keine seltene Strategie, wenn es darum geht, nicht bei seinen Lügen, oder Schwächen ertappt zu werden. Um dies zu verhindern, geht der Mensch sogar so weit, sich selbst zu *verdinglichen*. Anders (Vgl. Ebd. 30) unterstreicht diese These mit dem Beispiel der Kosmetik, die sich durch die Verwendung von vielen Menschen erst oft als salonfähig fühlen lässt. Indem der Mensch so tut, als wäre es selbst gemacht, wie ein Ding „bearbeitet" er sich selbst, um mit dem perfekten Ding eins zu sein.

3.2 Frei sind die Dinge unfrei ist der Mensch:

Im weiteren Schritt bezieht sich Anders auf die Formel des amerikanischen Luft-Waffen- Instruktors, welcher seine Kadetten als „faulty construction" bezeichnet (Vgl. Ebd. 32). Der Autor vertritt somit in seinem Essay die These, dass der Mensch eine fehlerhafte Konstruktion darstellt und den Maschinen in Kraft, Geschwindigkeit, Genauigkeit und Leistung unterlegen ist (Vgl. Ebd.). Diese These impliziert zwei Konsequenzen. Zum einen ist es die Konkurrenzunfähigkeit des Menschen gegenüber Geräten und zum anderen, dass er sich selbst als erschaffenes Wesen, als Fehlkonstruktion sieht. Jedoch ist mit der fehlerhaften Konstruktion des Menschen, nicht gemeint, er sei nicht geprägt worden und müsse nur seine Form finden. Im Gegenteil: „ [..] denn er ist ja präformiert, er *ist* ja geprägt, er *hat* ja seine Form: nur eben eine Falsche." (Anders, 1961 32)

Die starre Leiblichkeit des Menschen ist in der Tat eine peinliche Notlage des Lebens. Im Vergleich unserer plastischen, indefiniten, offenen umbaufähigen und adaptionsoffenen Produktwelten, ist unser Körper von heute der gleiche von gestern und zwar der von unseren Eltern. Unser Leib ist so Anders: „konservativ, unprogressiv, antiquiert, unrevidierbar [....] Kurz: die Subjekte von Freiheit und Unfreiheit sind ausgetauscht. Frei sind die Dinge: unfrei ist der Mensch*." (Sic Anders 1961, 33) Dieses Argument ist ein Plädoyer dafür, dass wir Menschen in unserer physischen Beschaffenheit und der miteinhergehenden fehlenden Elastizität, im Vergleich zu unseren gemachten Dingen, unfrei und den Produkten dieser Welt untergeordnet sind. Doch genau diese unnatürlichen produzierten Grenzen will der Mensch nun aufgrund der Erkenntnis der Minderwertigkeit übertreffen, indem er sich selbst transzendiert (Vgl. Ebd. 37, 38). Durch die Tatsache, dass der Mensch nun das niederlagebringende Verhältnis auflösen will, kommt es zu einer entscheidenden Veränderung. Die Theorie des Leibes wird durch die physiotechnische Praxis umfunktioniert, denn es genügt nicht mehr, so Anders: „ [...] den Leib zu interpretieren, man muß ihn auch verändern. Und zwar täglich neu; und für jedes Gerät anders." (Sic, Anders 1961, 38) Dass wir Menschen uns den Produkten anpassen sollen und nicht die Produkte an uns Menschen, ist eigentlich keine unerwartete Denkweise. Doch wohin sich der Körper entwickelt ist abhängig von den Geräten und zwar durch das was das Gerät verlangt. Die Entwicklung des Leibes besteht somit in der Anpassung des Menschen an die Maschinen, durch die bedingte Gewohnheit und schlussendliche Konditionierung. Somit erhebt das Gerät den Anspruch das Subjekt der Nachfrage zu sein, indem es nach Angeboten verlangt, welche es benötigt um funktionieren zu können. Daher befindet sich der Mensch in einem zwiespältigen Dilemma. Der Mensch ist nicht mehr das unabhängige Subjekt, der die Technik nach seinen eigenen Ansprüchen zielgerichtet verwendet, sondern sein Dasein wird durch die Integrierung der von ihm selbst geschaffenen technischen Welt nicht nur modifiziert, sondern auch nun in Frage gestellt (Vgl. Liessmann 2002, 53).

4. Der Mensch als unersetzbarer Defekt:

Die oben bereits erwähnte falsche Prägung, welches den Hauptdefekt des Menschen darstellt, ist der Auslöser für den prometheische Scham. In diesem Kapitel sollen nun weitere Aspekte untersucht werden, die dafürsprechen, dass der Mensch eine sekundäre Stellung gegenüber den gemachten Dingen einnimmt. Ein weiterer Grund, wo der Mensch den Produkten untergeordnet ist und somit als Defekt gelten kann, ist, dass er im Gegensatz zu seinen Geräten verderblicher und nach dem Ablaufdatum der Lebenszeit nicht mehr ins Leben gebracht werden kann (Vgl. Anders 1961, 50). Günter Anders meint jedoch nicht, dass die von uns gemachten Dinge unsterblich sind, aber dass sie im Gegensatz zu unserem unkontrollierbaren Sterbedatum über ein durchkalkuliertes Ablaufdatum verfügen, somit ist die Sterblichkeit des Menschen ein Pudendum (Vgl. ebd. 51).

An dieser Stelle der Analyse, beschreibt der Autor auch die neue Unsterblichkeitsmöglichkeit als industrielle Re-inkarnation, wo zwar jedes Geräteteil sein Ablaufdatum hat, aber in der Reproduktion eines Massenprodukts dieses wiederhergestellt werden kann und zwar mit identischen Ausstattungen (Vgl. ebd.). **Der dargestellte Sachverhalt deutet auf die Ersetzbarkeit hin, die in der natürlichen Beschaffenheit des Menschen nicht vorhanden ist.** Ebenfalls charakterisiert die Reproduktion beziehungsweise die unendlich kopierbaren Daten, Geräten der Massenindustrie, die Platonider der Menschenwelt (Vgl. Ebd.52). *Dieser Re-Inkarnations-Platonismus charakterisiert die Leistung, welche uns Menschen als sterblichen Wesen übergeordnet ist (Vgl. Ebd.).* Während der Mensch als individuelles Wesen gilt und somit nicht einfach durch ein Neues ausgetauscht werden kann, sind die Massenprodukte einer Marke jederzeit austauschbar und zwar so, dass sie die volle Funktion, Anforderung, ersetzen können. Auch Max Horkheimer und Adorno ziehen aus der Serialität der Massenprodukte radikale Konsequenzen. Denn die Erzeugung eines Kulturproduktes, wird auf die Masse reduziert und somit auch dem Geschmack und der Ästhetik unterworfen (Vgl. Mersch 2006, 82). Im Vergleich zu Günter Anders gibt es jedoch kontroverse Sichtweisen. Während für Adorno das Individuum in einer Kulturindustrie ein ersetzbares Exemplar darstellt (Vgl. Ebd. 84) ist der Mensch bei Anders im Gegensatz zu seinen gemachten Dingen, nicht ersetzbar. Natürlich gibt es Bereiche im Leben, wie die Wirtschaft und Kriegsführung, wo der Mensch als Soldat oder

Arbeitskraft einfach nach seiner Unbrauchbarkeit wie eine Glühbirne ausgetauscht werden kann. Doch dieses Argument bewahrt ihre Gültigkeit nicht in allen Möglichkeitsszenarien. Außerdem würde jede Person aufgrund seiner für sich beanspruchten Individualität, dessen Ersetzbarkeit widersprechen wollen. Anders betont (Vgl. Anders 1961, 55), dass zwar der Mensch als Arbeitskraft ersetzt werden kann, jedoch haben der Ersatz und die ersetzende Person eine andere Identität. Das Ich ist somit nicht einfach ersetzbar wie ein Markenartikel oder Massenprodukt. Doch spricht diese Schlussfolgerung nicht gleichzeitig für die Humanität? Dem ist nicht so. Der Mensch erkennt seine Unersetzbarkeit und beurteilt diese als Benachteiligung und Makel dessen er sich schämt.

Das menschliche Streben nach der Unersetzbarkeit steht nach Anders auch im Zusammengang mit der menschlichen Angst der Sterblichkeit (Vgl. Ebd. 56). Ausgehend von den Abgründen der Realität widmet der Philosoph Friedrich Nietzsche in der fröhlichen Wissenschaft zurecht der Kunst eine Danksagung. Für ihn wird die Kunst benötigt, um im Leben nicht unterzugehen und uns Menschen über die Erkenntnis unserer Kontingenz, Bedeutungslosigkeit und Sterblichkeit hinwegzutrösten (Vgl. Liessmann 2003, 144.). Sigmund Freud spricht sogar davon, dass der Mensch danach strebt in die Welt der Fiktion zu fliehen, um außerhalb von Konsequenzen zu leben, denn dort ist es dem Menschen erlaubt, sich mit einem Helden zu identifizieren und mit diesem auch zu sterben (Vgl. Freud 1915, 14). In diesem Zusammenhang, darf auch eine kurze Anmerkung zur moderneren Medienanthropologie des Computerspiels nicht außer Acht gelassen werden. Im Anschluss an Georges Bataille, wird nämlich die These vertreten, dass die bildliche Verkörperung eines Avatars, als ein *semiotischer* Leib (Vgl. Burkhardt u. Sandbothe S. 390) verbunden mit der wirklichen Empfindung des *Spielers* ist und somit wird auch ein performativer Akt der Überwindung von Grenzen in Art symbolischer Körperlichkeit gestattet (Vgl. ebd. 390). Die gegebene Korrelation zwischen Mensch und Medien lassen sich somit wie gezeigt, durch zahlreiche Beispiele belegen und bestätigt erneut die existierende Wechselwirkung zwischen Medien und Mensch.

Bei Anders veranschaulicht sich die Überwältigung der menschlichen Fehlleistung nicht durch die Flucht in die Kunst, sondern in die Flucht der Bilder selbst. Hier beschreibt der Philosoph die Ikonomanie, als heute dominierende Bildsucht, um der unglücklichen Lage zu entgehen (Vgl. Anders 1961, 56). Der Autor geht sogar so weit, dass er sich die Welt ohne Bilder den Fotos, Filmen Fernsehphantomen und Plakaten leblos vorstelle und das nur noch das reine Nichts übrigbliebe (Vgl. ebd. 57). Die Rolle der Bilder nehmen in unserem heutigen Leben immer noch einen beachtlichen Platz ein, somit bleibt die Ikonomanie ein moderner Ansatz, denn jeder ist dem Selfie-Wahn ausgesetzt. Diese *hypertrophische Bildproduktion* ist nach Anders ein wichtiges Instrument, welches den Menschen die Möglichkeit verschafft, „spare-pieces" (Ersatzteile) von sich selbst zu erschaffen und sich so doch noch zu einem reproduzierten Produkt zu machen, demgemäß zu einem multifachen Dasein (Vgl. ebd.). Durch die Inbetriebnahme der Kameras versucht der Mensch die multiple Existenz der Massenprodukte nachzuahmen. Anders demaskiert diesen Irrtum damit, indem er von einer Ersatzbefriedigung spricht, die nichts mit der Massenproduktion von Identitäten zu tun hat, sondern nur als Vervielfachung von unidentischen Kopien (Vgl. Ebd.58). Die Scham Gegenüber der Produktwelt bleibt somit bestehen.

Danach zu fragen, ob der Mensch danach strebt, wie ein Produkt immer weiter leben zu wollen, heißt danach zu fragen, ob er den Wunsch verfolgt, wie ein Produkt selbst existieren zu wollen. Doch wie könnte dieses dialektische Verhältnis nun aufgelöst werden? Das Verlangen danach sein Leben immer weiter leben zu können, bedeutet nicht gleichzeitig, dass wir Menschen das Verlangen verspüren, multiple Exemplare unserer selbst, auf das Universum zu zerstreuen. Daher kann der Mensch den seriellen Faktor seiner Produkte- das heißt der Austausch eines identen Dinges zum anderen Identen, - zwar nachahmen, jedoch bleibt der Fakt, dass er immer noch er selbst sei bestehen (Vgl. ebd.). Er befindet sich somit in einem dialektischen Unterfangen der Serialität, hervorgebracht durch die **Dominanz der serialisierten und technischen Beschaffenheit der Medien.**

5.Selbstzerstörung und Identitätskriese:

Doch nicht nur die Physis des Menschen beschreibt die unglückliche und untergeordnete Positionierung gegenüber den Gerätschaften, sondern auch die zielgerechte Verantwortungsübertragung von Menschen auf übermenschliche Instanzen. Als Beispiel sei hier das historische Ereignis des Korea-Konfliktes Genera hervorzuheben, indem MC Arthurs potentielle kriegsauslösende Maßnahmen und die Entscheidung dessen Realisierung, anhand der Verwendung eines „Electric Brains" ausgetauscht wurde (Vgl. Anders 1961, 60). Das bedeutet, dass der Mensch die Schwächen des menschlichen Gehirnes erkannte und diese durch die höhere Rechnungsfähigkeit künstlicher „Intelligenzen" ersetzte. Doch der Grund für den Ersatz liegt in der Schuld des Menschen selbst, somit hat er sich selbst degradiert (Vgl. ebd. 60,61).

Die Technik ist zwar noch nicht so weit ausgereift, außerhalb von Algorithmen zu denken und moralische Konsequenzen zu ziehen. Jedoch besteht die Möglichkeit im Falle einer zukünftigen hochentwickelten künstlichen Intelligenz, dass die Differenz zwischen Menschen und Maschine immer geringer und die Frage, ob noch von Maschine gesprochen werden kann, immer größer wird. Doch würde es sogar dazu kommen, dass die Entscheidungsgewalt über Todesurteile auf die Rechnungsmaschinen übertragen würde und der Gedanke eines Menschen bestehen bliebe, von einer Maschine „Am Leben gelassen worden zu sein" wäre dies für Anders ein Grund sich schämen zu müssen (Vgl. ebd. 63).

6.Probleme der Identitätsfindung:

Im weiteren Schritt wird nun das Augenmerk auf die Dekonstruktion der Identität, durch den Akt des Schams gelegt. Wenn in diesem Zusammenhang die Begriffsklärung des Schams als Folge für die Identitätskrise gelten soll, dann ist Scham nach Anders: „ [..] : ein in einem Zustand der Verstörtheit ausartender reflexiver Akt, der dadurch scheitert, daß der Mensch sich in ihm, vor einer Instanz, von der er sich abwendet, als etwas erfährt, was er „nicht ist", aber auf unentrinnbare Weise „doch ist". (Anders 1961, 68 Sic) Für Anders ist somit der Scham verantwortlich für die Identitätskrise, indem ein wahrgenommenes Körperteil als Instanz zur Quelle des Unbehagens wird. Es scheint offensichtlich für Anders zu sein, dass der Scham jedoch nicht durch die Identifizierung eines normabweichenden Körperteils ausgelöst wird, sondern durch das Gefühl des Nichtkönnens. Diese Hypothese unterstreicht der Philosoph mit dem Beispiel, des Buckligen Menschen, der sich schämt, dieser mit dem Buckel zu sein und nichts gegen seine physische Beschaffenheit tun kann (Vgl. ebd. 68). Somit referiert Der Scham auf dem Widerspruch der Identität indem der Mensch, seine arbiträre Daseinsform wahrnimmt, und sich seines Ursprungs schämt, die er hinnehmen muss. Er will sich damit nicht identifizieren und kann dennoch nicht anders, als diesen Ursprung als Moment seiner Existenz zu akzeptieren. Dieses akzeptieren müssen hat nichts mehr mit Freiheit eines Menschen zu tun. Denn Freiheit ist für Anders nicht nur der Anspruch individuell zu sein, sondern immer Ich selbst zu sein (Vgl. Anders 1961, 69). Freiheit ist jedoch in einer Kulturgesellschaft nicht möglich, denn hier entscheiden Normen und Moralvorstellungen über die Glücksmöglichkeiten eines Individuums. Viel mehr noch, unsere Glücksmöglichkeit ist durch unsere physische und psychische Konstitution beschränkt (Vgl. Freud 1930, 434). Mit Günther Anders kann der Schluss gezogen werden, dass der Effekt des Schämens durch die Orientie-

rungslosigkeit und Verzweiflung, aufgrund der erkannten Freiheitsbegrenzung und der redu-
zierten Möglichkeit der Entfaltung seiner selbst ist, zustande kommen kann.

Im Anschluss stellt sich Anders die Frage was die *„Identitätsstörung"* gegenüber dem Gerät
bedeuten kann (Vgl. Anders 1961, 88). An dieser Stelle bezieht sich der Philosoph auf den
Menschen den Chaplin in Modern Times dargestellt hat. Das Bild zeigt eine Person, die auch
außerhalb der Betriebnahme einer Maschine befremdend feststellen muss, ein Teil dieses
Ganzen geworden zu sein. Doch nach Anders ist es umgekehrt und zwar geht es darum, dass
diese Person in Anbetracht der leiblichen Einschränkung ein brauchbares Teil eines Gerätes
werden will (Vgl.ebd. 89). Die Vermutung ist nun offen, dass der Mensch allein schon durch
seine menschliche Unfähigkeit antiquiert ist, weil er das funktionierende Räderwerk eines
industriellen Fließbandes nicht stören will. Er schafft es nicht mit den Maschinen konform zu
gehen und sollte er es tun müssen, wäre das eine paradoxe Zumutung. Denn Anders deutet
daraufhin, dass, wenn diese Anforderung Arbeitern gegenüber [...] "in das Tempo und den
Rhythmus der Maschine so hineinzugeraten, [...] daß von ihm verlangt wird, daß er in wachs-
ter Selbstkontrolle einen Automatismus in Gang bringe; daß er sich zusammennehmen soll,
um nicht als er selbst zu funktionieren [...]" (Anders 1961, 90), dann kann er dieser Aufgabe
einfach nicht gerecht werden. Der Mensch ist somit schon antiquiert.

7.Schluss:

Generell lassen sich aus meiner Arbeit nicht immer eindeutige Schlüsse ziehen, da Günther
Anders weniger danach strebt allgemeingültige Gesetzgebungen auf zu stellen, sondern einen
philosophisch ungewöhnlichen Stil pflegt, *Gelegenheitsphilosophie* zu betreiben, indem der
Leser immer wieder von zeitgemäßen historischen Ereignissen, in metaphysische Diskussio-
nen wie die *„Nicht-Identität des Menschen"* hineingezogen wird (Vgl. Anders 1961, 8).
Dennoch hält er durchgehend an seinem Konzept der Antiquiertheit des Menschen fest, indem
der Mensch im Vergleich zu seinen selbstproduzierten Geräten in Anbetracht, der perfekten
Dinge, in Leistung, Beschaffenheit und Notwendigkeit den Menschen übertrifft. Zwar sind die
Thesen von Günther Anders durchaus pointiert, zugespitzt, polemisch und teilweise paradox
verfasst worden, aber nicht ausgeschlossen, denn die Freiheit des Menschen ist in der Tat
durch Geräte eingeschränkt, da wir Menschen abhängig von ihnen sind und Abhängigkeit hat
nichts mehr mit Freiheit zu tun, denn frei sein bedeutet schrankenlos und ungebunden leben

zu können. Jedoch ist dies aufgrund physischer Beschaffenheit des Menschen und der daraus resultierenden Notwendigkeit der Prothesenhaftigkeit nicht möglich und somit haben Geräte mit ihrer Leistungsfähigkeit einen Vorteil gegenüber uns Menschen. Die Technik ist in mancher Hinsicht zwar Freiheitsraubend, eröffnet aber auch gleichzeitig Freiräume, indem sie uns von früheren Zwängen der Arbeit befreien. Dinge, die wir Menschen früher tun mussten, müssen wir jetzt nicht mehr tun, das machen die Geräte, denn sie fungieren auch als Extensionen des Körpers. Vielleicht ist der Motor der Technik die Natürlichkeit der menschlichen Faulheit. Zumindest bleibt die Vermutung offen, dass es Günther Anders nicht darum ging seine Theorien akzeptieren zu müssen, oder abzulehnen, sondern darüber zu reflektieren, welchen Einfluss die von Menschenhand geschaffenen Dinge auf den Schaffenden haben. Anders selbst plädiert darauf (Vgl.1961, 88), dass der Mensch seine Beziehung zum Gerät immer wieder überprüfen sollte, ob diese Störung Scham darstellt, denn wie die Untersuchung zeigen konnte, ist der Akt des Schams ein Zeichen für die Identitätskrise. Fakt ist, dass Medien und Mensch eine wechselwirkende Wirkung aufweisen, somit sollte die einhergehende Auswirkung differenziert beobachtet werden und der richtige Umgang mit Medien wäre eine lohnenswerte Aufgabe für zukünftige Untersuchungen. Die Frage ob Medien gut oder schlecht sind bleibt offen. Es lässt sich eher schlussfolgernd sagen, dass sie weder gut noch schlecht sind, denn der Mensch kann sich zwar durch das, was er selbst herstellt abschaffen, indem er durch das, was er selbst herstellt, ersetzt wird. Dennoch ist das menschliche Handeln nicht komplett den Medien determiniert, aber sie machen ihn in bestimmten Bereichen des Lebens sehr wohl überflüssig.

8. Literaturverzeichnis:

Dieter Mersch (2006) *Medientheorien zur Einführung*. Auflage 3. Hamburg: Junius, 30, 82, 84,87,109.

Günter Anders (1961) *Die Antiquiertheit des Menschen. Über die Seele im Zeitalter der zweiten industriellen Revolution.* München: Beck, 8, 18, 23ff ,27 ,29f ,32f, 38, 50ff, 54-58, 60f, 63, 68f, 88ff

Immanuel Kant: „Was ist Aufklärung?". In: Zehbe, J. (Hg.), Göttingen 1994, S.20

Konrad Paul Liessmann (2002) Günther Anders. München: C. H. Beck, 53

Konrad Paul Liessmann (2003) *Die großen Philosophen und ihre Probleme. Vorlesungen zur Einführung in die Philosophie.* 4.Aufl. Wien: WUV, 182.

Krämer Sybille (2000) >*Performativität*< *und* >*Verkörperung*<. *Über zwei Leitideen für eine Reflexion der Medien.* In: Jens Schröter (Hg.): Handbuch Medienwissenschaft. Stuttgart 2014: Metzler, 390.

Max Horkheimer, Theodor W. Adorno (1981) Dialektik der Aufklärung. Philosophische Fragmente. Daraus: Kulturindustrie. Aufklärung als Massenbetrug (Auszug [1944]). Frank-furt a.M.: Fischer, 154.

Marcus Burkhardt, Mike Sandbothe (2014) Medienphilosophie. In: Jens Schröter (Hg.): Handbuch Medienwissenschaft. Stuttgart: Metzler, 387.

Platon (1994) *Phaidros* [370/360 v.u.Z.]. In: Sämtliche Werke, Bd. 2. Reinbek: Rowohlt, 604

Sigmund Freud (1930 a [1929]) Das Unbehagen in der Kultur. GW 14: London: Imago Publishing, 434,451

Sigmund Freud (1915) Zeitgemäßes über Krieg und Tod. Imago, 4(1):14.

Thomas Mock: Was ist ein Medium? Eine Unterscheidung kommunikations- und medienwissenschaftlicher Grundverständnisse eines zentralen Begriffs. In: § Stefan Hoffmann (2014) Medienbegriff. In: Jens Schröter (Hg.): Handbuch Medienwissenschaft. Stuttgart: Metzler, 183

BEI GRIN MACHT SICH IHR
WISSEN BEZAHLT

- Wir veröffentlichen Ihre Hausarbeit,
  Bachelor- und Masterarbeit

- Ihr eigenes eBook und Buch -
  weltweit in allen wichtigen Shops

- Verdienen Sie an jedem Verkauf

Jetzt bei www.GRIN.com hochladen
und kostenlos publizieren